待人友善

［英］亚尼内·阿莫斯 / 著　　［英］安娜贝尔·斯彭斯利 / 绘

［英］雷切尔·安德伍德 / 幼教顾问　　贾洪宝 / 译

知识产权出版社
全国百佳图书出版单位

图书在版编目（CIP）数据

待人友善 /（英）阿莫斯著；贾洪宝译. — 北京：知识产权出版社，2016.1
（我能管好自己）书名原文：Being kind

ISBN 978-7-5130-3307-7

I. ①待… II. ①阿… ②贾… III. ①品德教育 — 儿童教育 — 家庭教育 IV. ① G78

中国版本图书馆 CIP 数据核字 (2015) 第 013667 号

First published in the United Kingdom by Cherrytree Books,1997
Copyright©Evans Brothers Ltd.
This edition published under licence from Pila Books Limited.
This edition is only available for sale in Mainland China.

责任编辑：李　潇　　　　　　　　责任校对：谷　洋
装帧设计：于　静　　　　　　　　责任出版：刘译文

我能管好自己 ①
待人友善
[英] 亚尼内•阿莫斯 著　　[英] 安娜贝尔•斯彭斯利 绘
[英] 雷切尔•安德伍德 幼教顾问
贾洪宝 译

出版发行：知识产权出版社 有限责任公司	网　　址：http://www.ipph.cn
社　　址：北京市海淀区马甸南村 1 号	邮　　编：100088
责编电话：010-82000860 转 8133	责编邮箱：elixiao@sina.com
发行电话：010-82000860 转 8101/8102	发行传真：010-82000893/82005070/82000270
印　　刷：北京中科印刷有限公司	经　　销：各大网上书店、新华书店及相关专业书店
开　　本：787mm×1092mm　1/16	字　　数：40 千字
版　　次：2016 年 1 月第 1 版	印　　张：2
ISBN 978-7-5130-3307-7	印　　次：2016 年 1 月第 1 次印刷
京权图字：01-2015-0588	定　　价：9.00 元

出版权专有 侵权必究
如有印装质量问题，本社负责调换。

蕾切尔和佐薇

桌子上摆着好几种颜料:绿色的、黄色的、紫色的……

大家都画呀画呀，忙个不停。

蕾切尔今天是第一天来上学,她对这里还不熟悉。

"我该站在哪儿画呢?"蕾切尔站在一旁,心里琢磨着。

佐薇抬起头，看到了站在一边的蕾切尔。

她朝着蕾切尔笑了笑。

佐薇放下手中的画笔,对蕾切尔说:"我来告诉你画画的东西都在什么地方。"

"这儿是图画纸。"

"这儿是围裙。"

佐薇帮蕾切尔系好围裙。

"你就在我旁边画吧。"她把蕾切尔带到画桌前。

戴夫老师急急忙忙地跑过来:"啊,太好了,蕾切尔,你已经找到画纸和围裙了!"
蕾切尔告诉他:"是佐薇帮我的。"

戴夫老师对佐薇说:"你在蕾切尔遇到困难时帮了她,表现得非常棒!"

丹尼尔和瑞安

扮演角里有帽子、斗篷,还有其他的装扮物。

大家都在装扮自己。

"我是海盗。"装扮好的丹尼尔得意地笑着。

瑞安呆呆地看着他。

过了一会儿,玛莎也装扮好了,她兴奋地喊道:"我是巫婆!"

瑞安突然害怕起来。

罗恩找出一件绿色斗篷,也把自己装扮起来。

"我是龙!"他叫着,"嘎!嘎!"

丹尼尔看了看瑞安……

他发现瑞安被吓坏了。

丹尼尔朝瑞安走过去……

他站在瑞安的旁边。

丹尼尔拉起瑞安的手……

并且朝瑞安微笑起来。现在,瑞安感觉好多了。

想一想

　　对人友善是一种好品格,表示你关心他人。对人表示友好的方式有许多种,如果你发现别人正处于焦急或孤独之中,可以走过去向他表达你的关心——帮他解决问题,或仅仅是陪伴在他身边。